Mascotas en la clínica veterinaria

por John Rawson

PHOTOGRAPHY CREDITS: Cover ©Tim Gartside/Alamy; 1 ©LWA/Larry Williams/Getty Images; 2 ©Barrie Harwood/Alamy; 3 ©Jack Sullivan/Alamy; 4 ©John Wood Photography/Getty Images; 5 ©LWA/Getty Images; 6 ©LWA/Larry Williams/Getty Images; 8 ©imagebroker/Alamy; 9 ©Top-Pet-Pics/Alamy; 10 ©Harry Page/Alamy.

Printed in Mexico

ISBN: 978-0-544-17191-6

1 2 3 4 5 6 7 8 9 10 0908 22 21 20 19 18 17 16 15 14 13

4500430011   A B C D E F G

¿Qué puedes hacer si estás enfermo?
Puedes ir al doctor.
Las mascotas también pueden
ir al doctor.
El doctor de los animales se llama
veterinario.

Puedes llevar a tu gato en una jaula.

Puedes llevar a tu perra con una correa.

La correa debe estar bien sujetada al collar, ¡así tu perra no se puede escapar!

¿Qué puede hacer la veterinaria por tu mascota?
La veterinaria puede limpiarle un rasguño o un corte a tu mascota. Puede colocarle una venda en la herida.

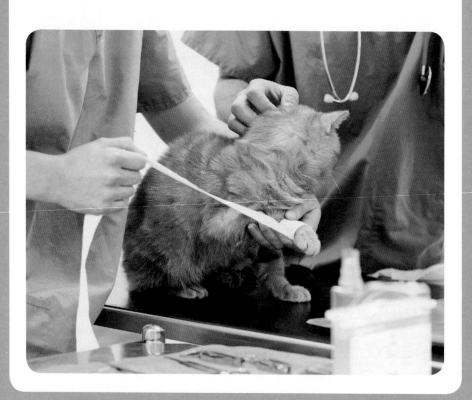

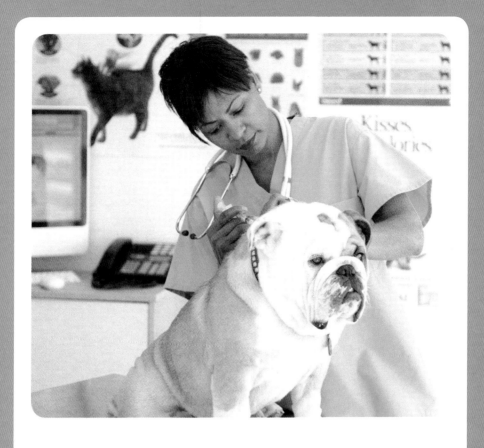

La veterinaria puede ponerle
una inyección a tu mascota.
A la mayoría de las mascotas
no les gustan las inyecciones,
¡y a ti tampoco!

La veterinaria puede hacerle un chequeo a tu mascota.
Puede revisarle el corazón y también los dientes.

La veterinaria puede decirte qué alimento darle a tu mascota. Puedes darle alimento enlatado o seco, o una mezcla de los dos.

alimento seco

alimento enlatado

La veterinaria puede enseñarte a cepillar el pelo de tu mascota para dejarlo limpio y brillante.

Este perro peludo se quedó quieto mientras le cepillaban el pelo.

Si un perro mastica un hueso o un juguete, eso lo ayuda a mantener los dientes sanos.

La veterinaria también puede decirte cómo cepillarle los dientes a tu mascota.

Si tu mascota es un perro o un gato, es de la clase de animales llamados mamíferos.

Los mamíferos pueden dar a luz una camada de cachorritos cada vez.

¡La veterinaria también puede ayudar con eso!

Responder

✓ VOCABULARIO CLAVE **Formar palabras**

Haz una red de palabras alrededor de la palabra camada. ¿Qué otras palabras pueden dar más información sobre una camada?

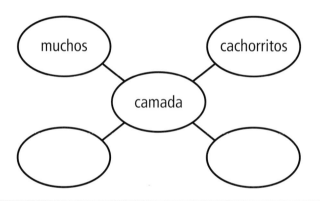

¡A escribir!

El texto y el mundo ¿Alguna vez llevaste a una mascota a la clínica veterinaria o leíste algo sobre este tema? Escribe una o dos oraciones sobre lo que pasó. Usa palabras de Formar palabras.

camada

enlatado

mamífero

masticar

pelo

peludo

quedarse

sujetar

✔ ESTRATEGIA CLAVE **Analizar/Evaluar**

Di qué piensas sobre el texto y por qué.

Acertijo ¿Qué palabra de vocabulario lleva dentro la palabra **casa**?